洞人藝術

陈津生的洞窟造像世界

陈津生 著

上海文化出版社

古为今用，不能说只是艺术创作，而是对历史的尊重和还原。

——陈津生

创作简历

2014 年，创办苏州洞人艺术品有限公司，从事洞窟文物数字化修复与文物干漆夹苎漆器复原雕塑，专注东方丝绸之路室内模块化洞窟设计、洞窟泥坯壁画和洞窟雕塑模块数字化的工艺学术研究，为丝路洞窟艺术的传承和人才培养积累了大量数据及实物资料。完成的模块化洞窟代表作品有：香支洞和善业洞。

2020 年起将模块化洞窟数字模型用于洞窟的虚拟现实场景搭建研究，在东方丝绸之路洞窟艺术与虚拟现实技术集合运用方面积累了经验。目前正在积累创作中的虚拟元宇宙 3D 东方艺术模块化洞窟，将包含东方的洞窟雕塑和壁画艺术，丝路音乐由虚拟人弹奏古乐器，定名：丝路乐支洞。

艺术感悟

我将佛学比作佛像的灵魂，作为雕塑家，必须通过熟练的雕塑技艺，将自己对于自然与人生的理解、人生的态度，融入到作品之中。成功是偶然中的意外，我对于安忍的守护是坚定的，我不愿被外界嘈杂的声音和社会对名利的追捧所影响。我一度选择隐居寺院之中，将修复佛像作为最主要的工作。对我而言，修复佛像，更是在修复我心。

目录

从洞窟模块复原开始，发展到模块化室内洞窟

一、模块化洞窟的缘起

模块化洞窟的搭建方案始于对古代造像碑的修复，我在 1991 年后陆续接到了许多藏家送来的造像碑，请我做修复。后来在参观云冈洞窟的时候，我发现造像碑和洞窟内的龛式结构、款式、风格非常的相似甚至一致，其后从 1995 年就开始对造像碑进行复原式的创作雕塑，陆续积累复原了两百多个品种的造像碑雕塑，涉及的龛式结构也超过了 600 种。经过多年的积累，我把这些造像碑按时代特征和风格种类进行划分组合，就形成创建了今天大家看到的模块化洞窟——香支洞。这种模块化的搭建方式解决了佛教洞窟雕塑文化与建筑文化融合的梦想，从而也使佛教洞窟文化重新走进了我们现代人的寺院宗教生活。

模块化洞窟的这种搭建方式，可以将古代像法时期的造像风格兼容到整体洞窟当中。继续恢复古代洞窟造像龛式结构里面的各种风格，也为后人将新的复原品种增加到模块库里面创造了可能性，打开了非常大的空间。

数字化在模块化洞窟内的应用，让洞窟层次更加精彩，我们通常会把创作后的泥稿进行数字化 3D 扫描，然后进行大小的变化重新组合和搭配，完成新的造像模块。

模块化洞窟当中包括三种类型的雕塑，一种类型是关于建筑结构的模块，这种模块大多取自于龙门石窟和云冈石窟。另一个品种类别来源于博物馆和私人收藏的造像碑的部分，这部分龛式结构的建筑样式，跨越了从南北朝至唐几乎所有的龛式结构作品风格。第二个类别是关于佛龛内部分，我们通过对云冈石窟和龙门石窟龛式结构进行研究和比较，归纳创作了八个型号大小各异的龛内结构，使它和圆雕的风格更加丰富。第三个类别是圆雕的主题佛像作品，我们通常复原博物馆或私人收藏家所藏的石窟造像作品进行创作。圆雕佛像作品通常供奉在洞窟的佛龛当中，其中主要资料来源于云冈石窟、龙门石窟、麦积山石窟、青州窖藏、保利博物馆、西安碑林博物馆、陕西省博物馆及国内外私人收藏的藏品。

模块化洞窟的顶部采用了敦煌莫高窟的穹顶结构方式，这当中的重点是敦煌壁画颜色材料制备工艺，包括植物色和矿物质材料，以及对颜色的后期处理，还有风格的选择和搭配。穹顶的方案可以是壁画部分和墙壁浮雕的有效延伸。模块化洞窟的地面，采用了古法琉璃莲花砖这种方案。其中成功烧制了三种颜色，包括草绿色、暗红色和青白色。这三种颜色可以使洞窟的搭配更具灵活性。

洞窟内龛式结构的布局方案，通常会参考古人对画面布局的自然审美要求。其中重点考虑的是：主题、疏密、动静、取舍、避让、留白这几个原则，通过这几个原则的作品搭配表达，然后使洞窟整体画面处理达到和谐统一。其中也会使用到部分残破作品，来表达生动的效果。窗子做得小而巧，构建的整体化解决整个洞窟的自然光照明，当然也会采用博物馆的射灯照明方案，其中照明安排了全烛光原始的油灯照明方案。

关于洞窟墙面的留白：留白的法度源于古代的书法艺术对画面布置的了解，在洞窟内留白部分都用于佛法偈句书法艺术的表现，使洞窟整体的主题层次特征更加突出，内涵更加丰富。

二、工巧明传承

工巧明是佛法关于工巧技艺结合修行的一种方法。佛法中的修行形式认为生活中所有的行为和态度都与修行解脱有关。雕塑这个门类在修行当中归类为工巧明，它是一种以技艺雕塑为载体的修行方法。我们希望它能和修行有关，因为我们造像的态度决定了作品最终的效果。我们希望作品能够表达出一些接近真相的态度和审美以及作者的人生态度和追求，透过创作技法不断提高和圆满，使我们的智慧和作品的感染力不断提升。关于这种对真相追求的体现，在古人的作品中表现得尤为生动逼真。传承赋予我对动手能力的充分信赖，出神入化的创作是由手来完成的，不要为此设定任何前提，即便是古代造像的资料也仅仅是一种参考。

三、佛像雕塑者应该知道的态度

佛像雕塑者应该知道，佛像是代表佛法态度的弘法道具，是修行人生活的一部分，也是雕塑者人生态度的体现，我们应该主动了解佛法中的要义和人生态度，并力图圆满地表达出来。

佛像不应当作为一般的商品来创作。我们的洞窟造像风格成熟于南北朝时期，大多的造像出自修行人之手，他们对于自然的理解和对道的坚持是我们今天雕塑者的榜样。我们应该去学习古人，这一点我从文献中没有看到，我是在古代作品的态度中见到的，所以我们要用谦逊的态度来对待古代的佛教造像。造像工作更应该是一次人格与生命态度提升的机会。

很多做雕塑的人都愿意做创作，其实创作并非来得这么简单，尤其是在佛像创作方面，我们首先要了解佛教，要了解佛像表达的精神内涵。当你的手足够熟练以后，你的境界、你的思想，你对自然的认知会自然地传递到作品当中，这个不是追求出来的而是自然流淌过去的，所以我们更希望用一种谦虚的态度来对待古代的佛像作品。这一点在我复原创作中感受很深。

关于自然法则，古人的生活方式和今天的人们有很大的不同，他们生活在自然山水之间，很多洞窟造像的人，以自然果实为生，他们对自然法则，对自然规律的敬畏和对生活的取舍与今天的雕塑者完全不同。我们要充分地了解到这一点，简单的生活方式与很高的精神追求之间形成了强烈的共鸣，成就了像法这个特别多元文化时期的大量优秀的艺术作品。

不要对成功太过期待，尤其是在复原创作中，在我看来大多数成功的作品是偶然出现的，不要在创作过程中规定时间等条件，成功是一种惊喜。

四、时常想起的师承言句

1. 你要找真善到恶的地方去找，你要找真恶到善的地方去找。

2. 你能做到什么都不做那当然是最好的，如果做不到就要做一些对他人有意义的事情。

3. 这个世界上不管有什么样的快乐，都来自于希望他人快乐。这个世界上不管有什么样的痛苦，都来自于希望自己快乐。

4. 世间的方法是因缘法，是因果法，能够做成一件事情，是因果，能够成功一件事情，也是因果。我们的作品与因果有关，我们的名望也与因果有关，所以我们见到的有修行成就的人并不一定是那些很有名望的人，因为这是不同的因果，每个人所造作的因缘不同。

5. 最好的造像材料是泥塑，因为泥塑是最接近表达自然法则无常的用材。

6. 很多时候我们要学会在努力中等待，因缘会自然成熟。很多时候我们要学会主动放弃，因为舍后才会有得到升华的机会。

7. 这个世界上没有白吃的苦，同样这个世界上也没有白享的福，主动吃苦会积累福报，享受福报会积累过失。

8. 一个喜欢帮助别人的人，在他遇到困难需要帮助的时候，是不会得不到别人帮助的。

9. 我们生活的这个世界叫娑婆世界，就是烦恼世界，每个人都会有烦恼，但是如果你愿意去了解真相，烦恼就会变成觉悟真相的资粮。

10. 修行的人在乎的是心中有多少智慧光明升起，普通人在乎的是身边有多少财富升起。

11. 我们要清晰地看到湖床下面的样子，首先要做的是停止搅动这旺湖水，然后静静地等待风平浪静后水里的尘埃沉淀，用心就是这样。

12. 勤奋加上财富机缘的追求等于成就的工匠，勤奋加上智慧机缘的追求等于修行的解脱。

13. 主动的吃苦叫锻炼，被动的吃苦叫受罪。

14. 容易得到的总在不经意间失去，不容易得到的总会慢慢地失去。所以得到的困难并不一定是坏事，我们对待善因总是要积极，我们对待缘总是要耐心，我们对待果报总是不要太在意，这是对待因缘果的三种态度。

15. 什么是修行，当我们了解一个道理一个方向一个追求，开始改变自己的作为行动和做人态度的时候这个就是修行。

16. 我是如何对待这个世界，这个世界就会如何对待我，我对此深信不疑。

17. 这个世界给我看到的就是我的经验中的世界，除此之外一无所有。所以我们应该学会改变自己的经验，我们的经验越是安忍，看到的世界就越接近真相。

五、关于《造像量度经》

佛教造像本来是没有量度的，因为佛像本来的意义是弘扬佛法和教化众生的需要而产生，它是时代因缘和合的产物，也是佛陀教育需要的应机产物。我们研究佛教历史的时候发现，在佛陀成就的那一刻起，前面的五百年称为正法时期，正法时期没有发现佛像造像，佛教造像在正法时期基本处于没有作用的状态。正法时期不主张也不需要用造像这种表法的形式，那个时期的佛教可以用心领神会 、口传心授这种方式来传播。不必要用象征的形象来代表佛陀的意思，也成为无像期。五百年过后进入了像法时期，佛陀授记这个时期近一千年，也就是在公元前后算起，到公元后一千年左右，这个时期之所以成为像法时期，它的特征最重要的部分就是以佛像作为弘法形式，把佛教弘扬到全世界各地的主要的一个代表载体工具。在这一千年当中，产生了大量的佛教造像，并且洞窟是其中最重要的部分。这就是我们今天大家看到的早期的洞窟造像艺术。比较著名的包括龙门石窟、云冈石窟、敦煌石窟、麦积山石窟这些重点的石窟。那么，佛教造像的量度应该如何反映在佛教造像当中？它的意思又如何以量度来表达？其实这个事情发生在唐代，也就是发生在像法时期的末端，通常大家知道量度是无法确切表明态度的。我个人认为是这样发生的，早期的造像以修行人造像和修行人指导匠人造像为主，所以它更多地体现佛教造像的精神层面，也就是佛教的世界观，佛陀的教育，包括我们对佛陀的敬仰。因为它的法度更重要的部分是对态度的表达，所以造像师以宽松的量度空间和精神想象去追求。 那么像法造像和末法时期的造像重要的区别在于当唐朝经历了经济鼎盛时期之后，寺院大规模地从山林修行佛教转到都市表法佛教，在城市当中，形成了很多重要的大型寺院。这个时候的佛教造像开始出现了市场化的需求，也就是信众的供养需求。当这么多的需求无法得到满足的情况下就形成了大量的工匠造像，以商品流通为目的的造像运动开始兴起，在这个时候，《造像量度经》这部历史性的经典便应运而生。因为如果我们对态度无法把握，又不在外型上加以约束和限制的话，将出现非常混乱的造像局面。那么教内人士认为这样的做法是不如法的，不希望出现各种各样的或者不了解的情况发生，于是集结了一部经书《造像量度经》。这部经书主要以法度尺寸的形式限制了佛教造像的尺寸比例、规格要求，并且引用了大量经典当中有关像的描述，例如源自《金刚经》，转轮圣王即是如来。

由此可知，如法的造像，首先是造像师对修行、对觉悟的态度、对自然法则与真相的追求，通过手艺技巧表达出来，这才是如法的造像。造像量度的追求是权宜之计，如果我们对真相、对佛陀的教义、对自然法则不够了解，那我们就应该按《造像量度经》的要求按照度量去创作雕塑作品。也可以称为：写实和写意的两种风格。

六、如法的佛像

所谓如法就是如理如法，在佛经当中，在佛陀的教育里面，提到过很多关于像的描述，比如说在《金刚经》当中会有：若以色见我，以音声求我，是人行邪道，不能见如来。又比方说，若以三十二相观如来者，转轮圣王即是如来等言语。普门品所谓：应以何身得度者，即现何身而为说法。由此可见，所谓如来的像，应该是建立在佛陀的世界观，对这个世界的看法角度上而产生。例如苦，我们这个人生，这个世界是娑婆世界，人生是苦的，正因为它是苦的，我们做出来的佛像就应该是以微笑的态度，以慈悯的态度来对待众生的苦难。

七、应该知道自然法则

因果、无常和轮回，这是我们在接受佛陀教育时明显感受到的佛陀阐释的三个最重要的自然法则，我们如何去理解它？为什么在生活当中，我们所看到的和佛经上所阐述的有如此大的区别，我个人是这样认识的：

佛经当中阐述的真相和自然法则是在无条件无前提的情况下见到的实相，而我们大多数人没有意识到这一点，我们所见到的是有条件和角度的假象，当我们去改变这个条件和角度时，我们发现得出的结论和判断结果就会越接近佛陀阐述的真相。

例如，雕塑里面因果规律的体现形式，那就是态度的修正和勤奋的工巧，勤奋的因得到熟练的果，那么同样的在我们造像之前，如果我们有一个圆满的态度思考，和工巧技能的准备具足了，那么剩下的只是创作的过程。所以创作之前的思想准备和技术准备、工具准备这些都是创作好作品的因，那么一个完整圆满的因等到缘成熟，也就是说时间工夫下到了，一个很好的如法作品自然会成熟。

八、有为与无为

一切有为法，如梦幻泡影，如露亦如电，应作如是观。这是佛陀在《金刚经》当中的对于有为法的阐述，那何为有为法呢？我们把有为法又称为作为法，也就是说我们一切以形状或形态表现为目的的这些形式作为，比方说财富、名誉、工作、成绩，这些都是有为法。那么为什么有为法如梦幻泡影，如露亦如电呢？大家都知道露水，每天早上在树叶上面都会见到露水，但当太阳升起以后，露水就不复存在了，因为有为法是建立在一个前提基础上，在不同的时候，在不同的时间，在不同的人群当中，会产生不同的结果。所以有为法就像梦幻泡影，它是变化的、无常的。它是不可以长久的，所以佛陀不建议大家注重这个有为。那何为无为法呢？在《金刚经》中，是这样讲无为法的，说一切圣贤皆以无为法而生差别，也就是说凡夫和圣贤的区别不在于作为的不同，而在于道德的不同，态度的不同，世界观的不同，对人生真相追求的不同。无为法就是态度，就是思想，就是我们做事的目的，这才是人生中值得追求的，也是圣贤和凡夫最明显的区别。就是在人生的态度、世界观上面的区别，而并不在于有为的、无为的大小。所以从而见得我们的造像师，并不是说我们的名气有多大，然后财富有很多，或者成就有多少，真正的成就应该来自于通过造像，在精神上、在世界观上、在人生态度上发生的转变和提高，这才是造像本来的目的和意思，也是我们造像师通过我们的作品能够表达佛陀意思的真正追求的一个方向。因为只有这样才能通过你的双手尽量地接近去表达佛陀对教育、对世界的看法和观点。

九、佛像到底是什么？

佛像应该是代表佛法的象征工具，佛像是传播佛教的一种教育手段，或者说佛像是今天大家认识佛法的名片，这是佛像本来自因缘的意思，我们不应该追求偏离佛教思想的诉求，不要认为佛像是我们崇拜的神明。

佛陀讲心性是佛，离性无别佛。也就是说真正的佛是我们的心性，是我们能知能觉，充满了光明和智慧的心性。我们现在用各种方式来表达佛陀的意思，所以不能偏离这种诉求，如果偏离这种诉求，称为不如法。

十、佛菩萨应该是一种什么神情？

它是无限的安静。这种安静不是无声的安静，而是内在的安静。仿佛静静的大山，静到极致，却像通天彻地的声音，有着某种难以表述的的震慑力。这就是三法印所说的涅槃寂静，它来自所有躁动平息后的内心，来自宇宙人生的最高真实。这种寂静不仅为佛菩萨自身受用，也会使周围的人，甚至周围环境得到净化。

它是无限的空旷。凡夫心的最大特点，就是浮躁而动荡，在各种变幻的妄想中不停摇摆。想静，静不下来；想睡，睡不踏实；想思考，无法集中精力。为什么？因为内心的垃圾太多，且从未清理。这使我们根本看不清生命的真正需要，只好用不停忙碌，用表面充实来掩盖这种茫然。忙碌的结果，不过是继续制造妄想，制造心灵垃圾。而佛菩萨因为体证空性，故能照见五蕴皆空，就像乌云散尽的虚空，澄澈明净，纤尘不染。

它是无限的喜悦。这种喜悦并非通常所说的快乐。因为快乐只是对痛苦的缓解，是建立在某种条件之上。当我们尝到某种快乐并产生执著后，一旦条件改变，对快乐形成的依赖就会落空，转而成为痛苦。所以，世间快乐都是短暂且有副作用的。而佛菩萨的喜悦是来自生命内在，是从全身弥漫而出，这也就是佛经所说的“举身微笑”。只有彻见无我的证悟者，才能使每个毛孔都洋溢着微笑，散发着喜悦。

所以说，生命美容的最高境界就是佛菩萨。学佛，就是以佛菩萨为榜样，不断去除现有的不良心行，开发潜在的高尚品质。当生命不再有任何瑕疵，我们也能像佛菩萨那样，成为至纯至真的人，成为至善至美的人。

十一、30年间关于创作的思考

工巧是基本功，功力多少受根器差异各有长短，短处力争苦练补一勤字；于长处熟能生巧。

工巧已备，作者的道德多少是决定作品感应力和生命力的源泉。所见作品，道姓习气具现于前。

现代人繁琐的生活方式使我们对自然力缺乏最基本的了解。关于创作，我的建议是：还是先学习古人的作品吧。

我们甚至从来没有静下来思考过：我们在做什么，有多少是我们真的需要的。

不知道从何时开始我们就被烦恼的习气熏染着。来到这个世界以后，我们向身边的人学习，社会与媒体的标榜是我们的人生目标，电脑电视是我们生活思考的主要部分，我们慢慢学会了这种依赖。

媒体的标榜为我们设立了目标，我们从未怀疑过目标的正确性，因为我们身边缺少明白真相的人。了解真相的人，是那些在千年前被尊为圣贤的人。

我们生活的时代特征是什么？这个时代的追求方向是否正确？我们真的了解自然该如何取舍？

我们对古人的生活了解多少？如果我们创作的思想基础是错误的，又如何创作表达正确思想的作品呢？在谈起创作时，我的脑海中时常出现上述思考。

古人的简单生活方式和贫乏的物质条件让他们有更多的机会接近自然，了解自然力量，了解自然法则，更接近道的本质。

媒体问答

问：古时候为什么要建如此庞大的石窟?

答：从中亚那么遥远的地方传来的思想，最初很难被人理解和接受，为了更广泛地弘扬佛法，产生了大量的佛教造像，洞窟就是其中最重要的部分。洞窟是一种宗教安住方式，容易让人安心，修行需要让人安心下来。

问：佛教的三个法运期有对应的表法特征，正法、像法时期，都有态度的表现，末法时代造像为什么没有了明显的态度?

答：唐以前，雕塑是一种修行的方式，造像者通过自身的领悟去完成表达，边修行边造像，成就了精神与形象高度统一的作品。而唐以后，都市佛教兴起，基于大量信众的供养需求，出现了以商品流通为目的的工匠造像。雕塑成了一种职业，被普遍世俗化，追求服饰外观花样，难以表达出精神追求。而今天，作为佛教徒和修行人造像，造表法功能的作品，体现佛法态度当成为一种责任来看待。

问：当代佛像造像是量度表法期，用仪轨的方式要求非常严格，如何解读?

答：有造像人不能如法的表法，又无人生追求的信仰和方向，再不给以度量尺度加以规矩就乱套了，所以通过量度表法是权宜之计。造像来自于不同的经典，对佛像的描述，有历史的意义和价值，用规矩去束缚，是基于缺乏修行。

问：您是如何进入佛造像雕塑行业的?

答：在我二十岁那年，有幸以学生的身份参加了北京广济寺和西黄寺的修缮和佛像恢复工作，从此与佛像雕塑结缘，后来到四川系统地学习了工巧明传承（佛陀教育中工巧明又作巧业明。指通连有关技术、工艺、音乐、美术、书术、占相、咒术等之艺能学问。可分为身工巧：凡细工、书画、舞蹈、刻镂等艺能皆是；语工巧：指文词赞咏、吟唱等艺能）。我更愿意做以雕塑的生活形式亲近佛法的人。

问：请问，陈老师，造佛像者，是否一定要信仰佛教?

答：当然，那好比是佛像的精神，而且必须是正信而坚定的信仰，塑者透过熟练的雕塑手法，把自己对自然的理解和人生的态度，自然地融入到作品之中，这是我努力的主要目标，也是我的信仰。

问：佛造像艺术风格在中国有细分吗？是朝代之分还是地域特色之分？

答：我们如果把各个地域的代表作品，按照时间的顺序排列起来，我们会惊奇地发现：造像工具发达了，资料丰富了，交通便捷了，美的认识也趋于肤浅了。因为自然的感动人的美离我们也越来越远了。所以我更愿意从对受众的启发程度方面去划分。

问：请问，听说最近收藏您雕塑的佛像的藏家多了起来，是这样的吗？

答：我感谢那些理解并支持我们复原创作的朋友，每年二十几件作品的确少了些，希望大家能够善待这些精神作品，并从中受到正面的启发和影响。

问：请问，陈老师近期是否有在修复佛像？

答：修复古造像是我一生中最主要的工作，我认为创作在这个邻域并不适用，因为我们现代人的生活态度和工作的目的，没有给美留下容身之处。我想让大家知道：对我而言修复人心从修复佛像开始。

问：请问，能否简单说说佛像雕塑的流程，分多少步骤，每个步骤都要做些什么？

答：佛像雕塑通常的步骤包括：归一，发心，工作，回向。在这里归一的意思是指不能见异思迁，朝三暮四，在我看来这是入门的唯一条件。发心是指对目标作品有明确的完成意愿，不管付出多少辛勤。工作是指你讲的操作步骤，其实做佛像等精神作品不同于普通的工艺装饰品，没有一定的步骤和方法。回向是指雕塑即将完成你对所塑的作品气韵给予了多少期望和寄托，这部分应该算作收尾阶段吧。

问：请问，打造一座新的佛像，如何确定造型构图和表达的主题？

答：其实一尊佛像能够表达的意思非常广大，通常受三方面因素的限制：一是塑者的雕塑技巧和熟练程度（这通常要用六年的时间）；二是塑者对美和真相认知的程度（花一生的时间也不算多）；三是受众对美的理解和经验（这是缘的问题，很难说清楚）。佛像表达的主题一直最明确的是表现佛法住世，启发众生心灵觉醒这个主题。正法时期不立造像（佛教所说的正法时期自陀灭度后500年，像法1000年约从中国的汉代中叶到唐末，宋朝以后即进入末法时期。像法时期的造像风格能够表现正法精神（像法指近似的佛法，末法是指佛法的法运末端基本看不到样子了）。

问：请问，陈老师是否听说过古代造佛雕塑师的故事传说？如果有，能否分享一下吗？

答：我知道《六祖壇经》中的一段塑像师的故事：当时有一僧人名方辩，前来顶礼六祖大师时说："我是四川西蜀人，过去在南天竺印度见到达摩祖师，他嘱咐我速回中国，他所传迦叶初祖的正法眼藏和祖衣都在六祖那，故我特为此事而来，但愿能见到六祖和所传的衣钵。"六祖将信物出示并问他专心什么事业？方辩说："擅长塑造各种形象。"六祖说："你试塑我看？"方辩茫然不知所答。过了几天，塑成六祖的真像，七寸高惟妙惟肖。六祖笑着说："你只了解塑像的工巧性，但不了解佛性。"接着伸手摩方辩的头顶，安慰他说："你的工作将成就人天福田的因。"

问：请问，您除了博物馆的造像邀请，是否也收到过其他人的邀请？如果有，大多是什么类型的人邀请您？造型上都有些什么风格？

答：造像邀请是很自然的事，我没为此专门统计过。来邀请造像的人大多非常谦和而诚恳，这时常让我非常感动。我觉得在艺术方面古人在向自然学习，今天的我们再向古人学习。我年轻时也试图寻求一种属于自己的风格，可后来发现这太荒谬了，我放不下的太多，可我只有两只手，还想提起更多的东西。

问：请问，您在工作状态时，对周围环境、人有要求吗？环境嘈杂或者安静，对您是否有影响？

答：如果我不能主动去影响环境，那么我看上去必然被环境影响着，不管我愿不愿意。其实对我们影响最大的不是来自外界的嘈杂声音， 而是社会时尚潮流中对名利榜样的执著。

问：请问，您现在在培养传承人吗？如果有，情况如何？

答：我自己还在学习，我们这经常会有几个和我一样喜欢泥土或对佛教佛像有兴趣的人，大家在一起高兴就好。欢迎你有空也来加入。

问：请问，您自己如何看待这份职业？

答：非常荣幸。如果说它和其他职业有什么不同，就是觉得这条路太长，但我很满足。

问：请问，对今后的创作安排，您能否透露些？

答：这个话题是我最喜欢的。其实修复和复原像法时期佛教造像是为完成模块化室内洞窟作准备，但人的一生是很短暂的，复原其中最典型和最具代表性的是当务之急。还有就是在因缘成熟时完成东方地标式洞窟音乐厅的设计与实施。

问：请您总结一下雕塑佛造像的感悟，或者您最想说的。

答：感慨一，通过雕塑越接近古人，越心生惭愧。

感慨二，我们在生活中多了些无用的东西，少了些有用的思考。

感慨三，走进自然的美景中倾听，不要寻求改变它。

苏州善业洞

干漆夹苎漆器

陈津生完成于二〇一八年

脫解見

安住

复原佛造像

干漆夹苎漆器

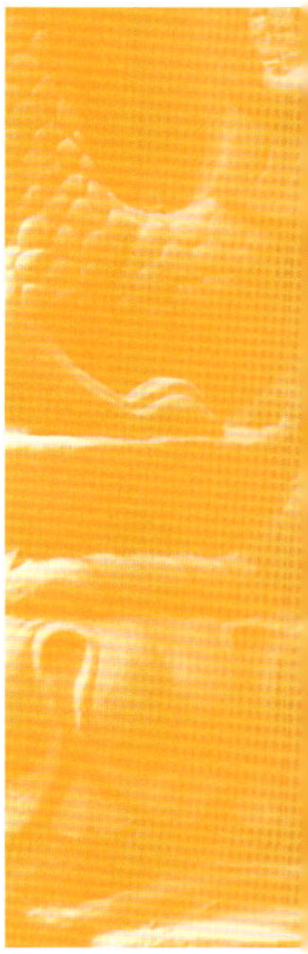

北魏风格 龛式结构 45cm

北魏弥勒风格 108cm

北魏弥勒风格背 108cm

北魏弥勒风格背局部

麦积山风格 如来及四众 75cm

北齐风格 三圣像 95cm

北齐风格 三圣像之如来 95cm

北魏风格 智者来迎侧 89cm

北魏风格 智者来迎 89cm

北齐风格 如来立像 68cm

北齐风格 如来立像背、侧 68cm

北魏风格 云冈大佛 56cm

巴米扬大佛 83cm

乐山大佛 80cm

龙门石窟大佛 94cm

东周风格 背光三圣像 113cm

北魏风格 如来 85cm

北周风格 如来立像 92cm

北魏刘保生风格弥勒佛 90cm

北魏黄兴风格弥勒佛 91cm

北魏风格 如来背光立像 90cm

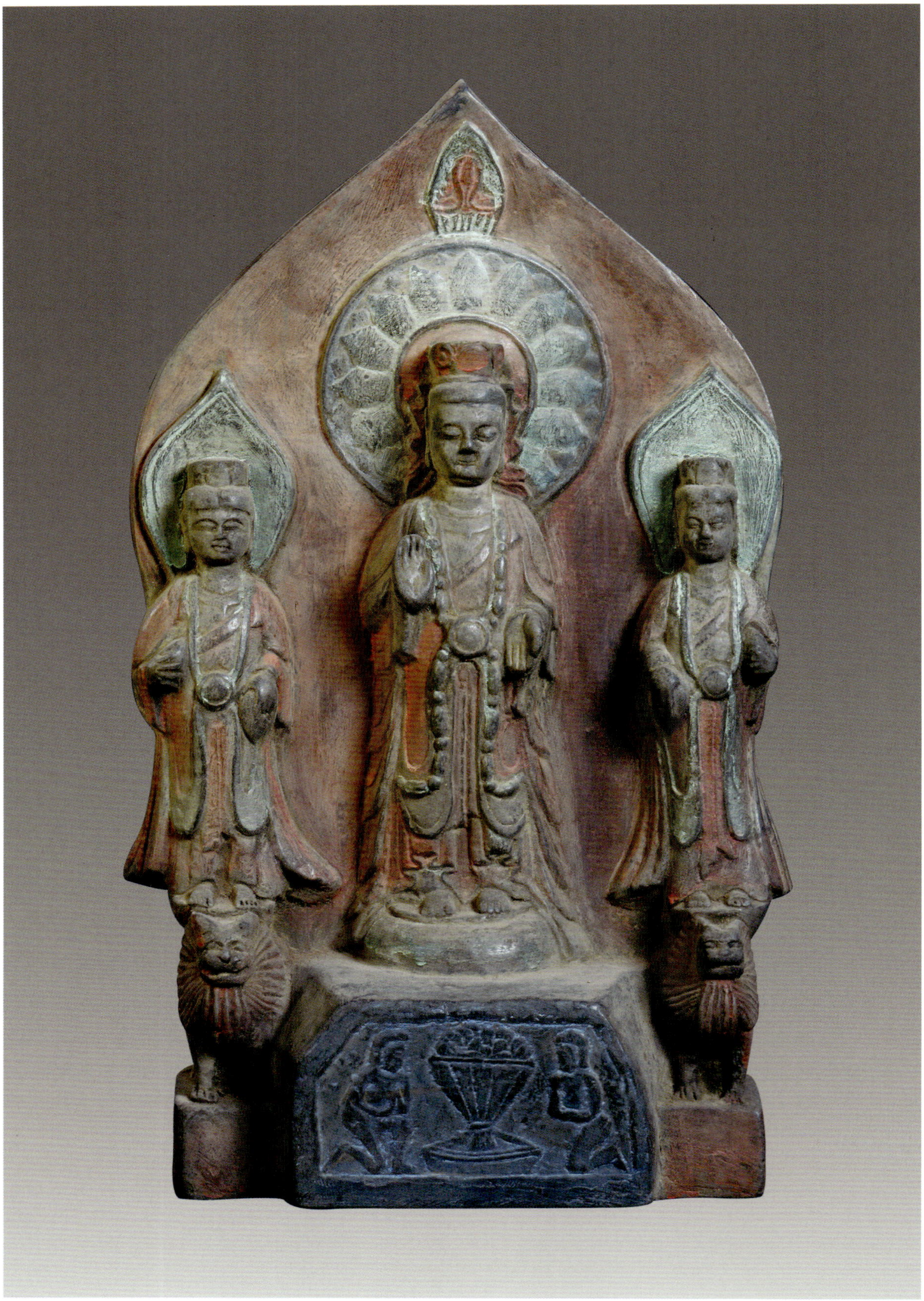

北周风格 三圣像 47cm

北周风格 三圣像侧 47cm

东周风格 三圣像 79cm

东周风格 三圣像 68cm

北魏风格 交脚弥勒 62cm

北魏刘保生风格阿弥陀佛 54cm

如来像 38cm

麦积山风格 自在行者 43cm

麦积山风格 大自在行者 77cm

儒释道三圣之释迦牟尼 44cm

儒释道三圣之孔子 43cm

儒释道三圣之老子 43cm

北周风格 弥勒菩萨像 86cm

复原唐代夹苎漆器

东方的微笑头部雕塑中

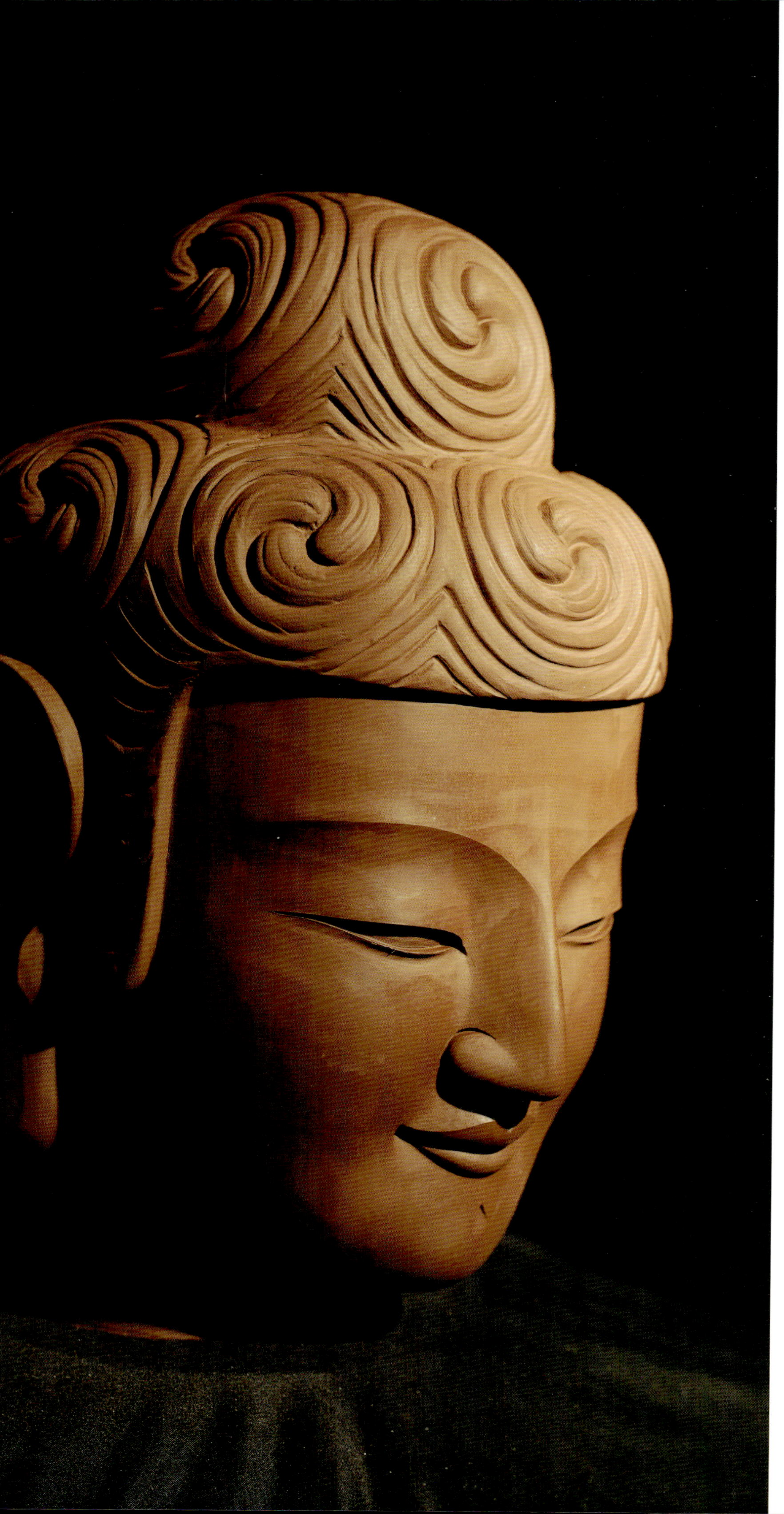

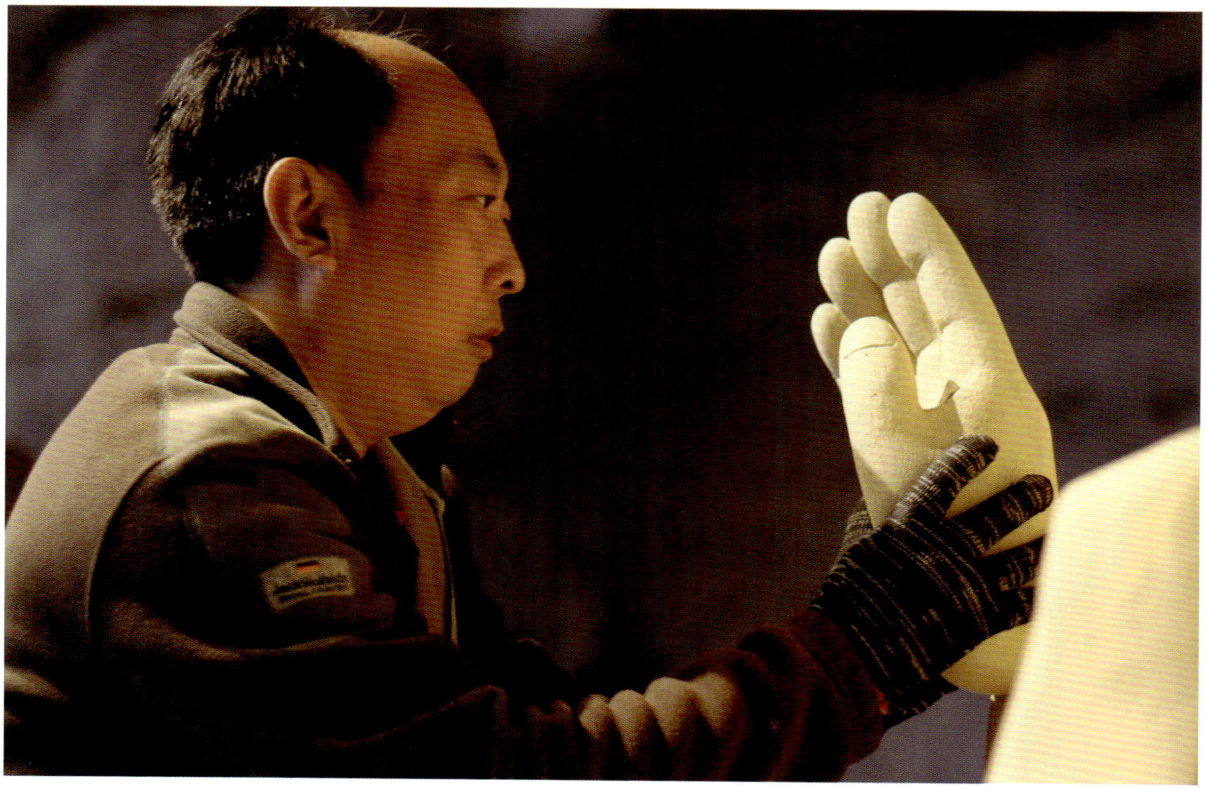

干漆夹苎工艺制作的东方的微笑，完成于福建泰宁大金湖世界地质公园，高 3 米

麦积山石窟风格 东方的微笑

菩萨造像

干漆夹苎漆器

隋风格 菩萨立像 87cm

东周风格 思维弥勒 77cm

麦积山石窟风格胁侍菩萨 局部 68cm

麦积山石窟风格胁侍菩萨 68cm

麦积山风格 四众之优婆塞 50cm

麦积山风格 四众之优婆夷 50cm

麦积山风格 四众之比丘尼 48cm

麦积山风格 四众之比丘 49cm

北齐风格 思维弥勒侧 67cm

北齐风格 思维弥勒 67cm

北齐风格 菩萨立像 85cm

北齐风格 菩萨立像侧 85cm

北齐风格 菩萨立像正侧 85cm　　北齐风格 菩萨立像背 85cm

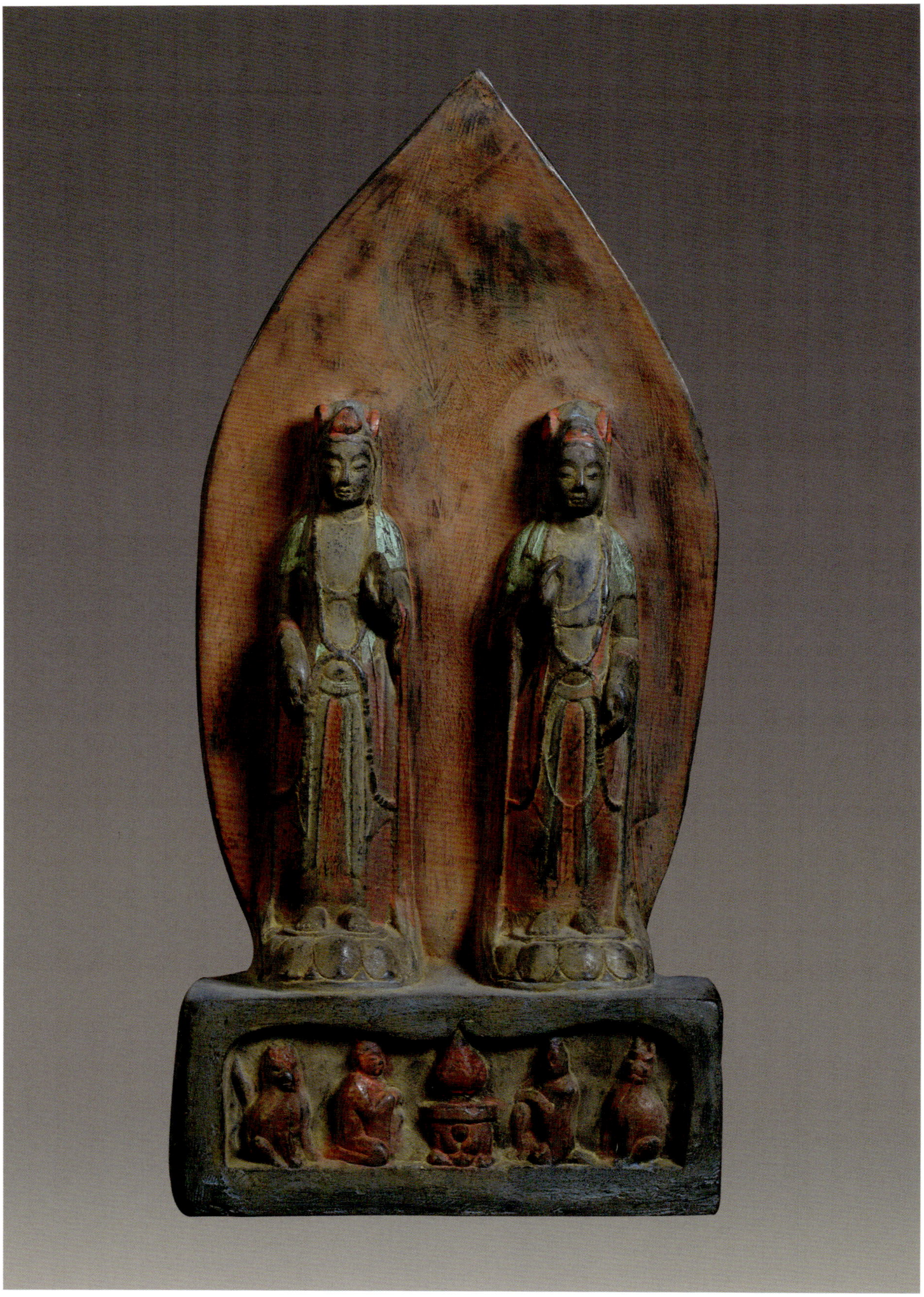

北齐风格 二菩萨 47cm

北齐风格 二菩萨侧 47cm

青州风格观音 111cm

青州观音局部

青州观音局部

青州观音局部

唐风格 二弟子 63cm

唐风格 二弟子局部

部分洞窟模块构件

干漆夹苎漆器

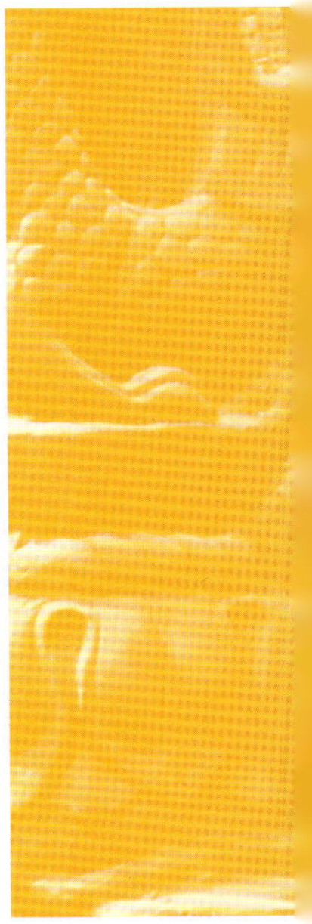

造像碑模块 01-71cm

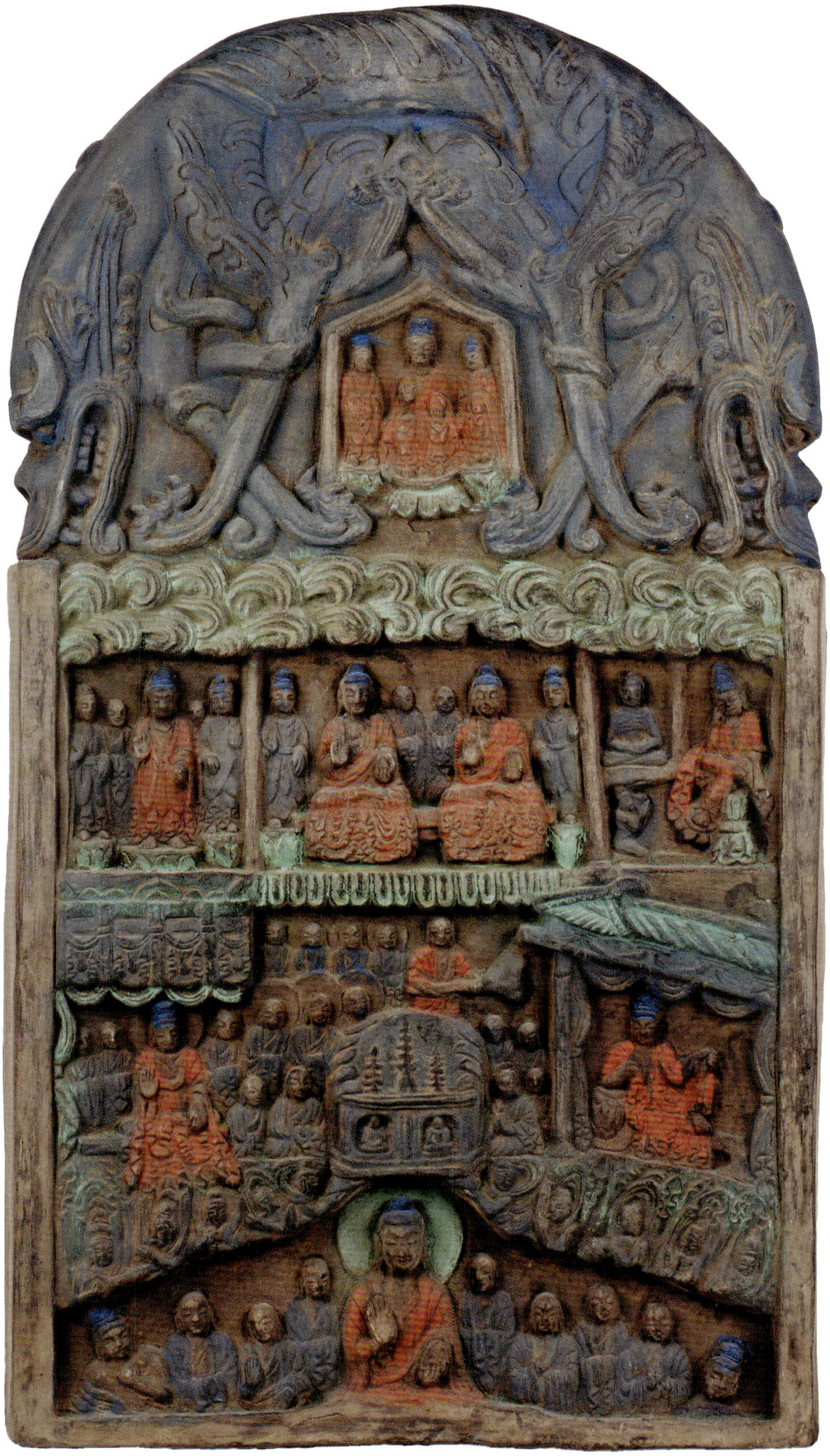

造像碑模块 02-63cm

造像碑模块 03-60cm

造像碑模块 04-70cm

造像碑模块 05-57cm

造像碑模块 09-45cm

造像碑模块 10-45cm

造像碑模块 11-71cm

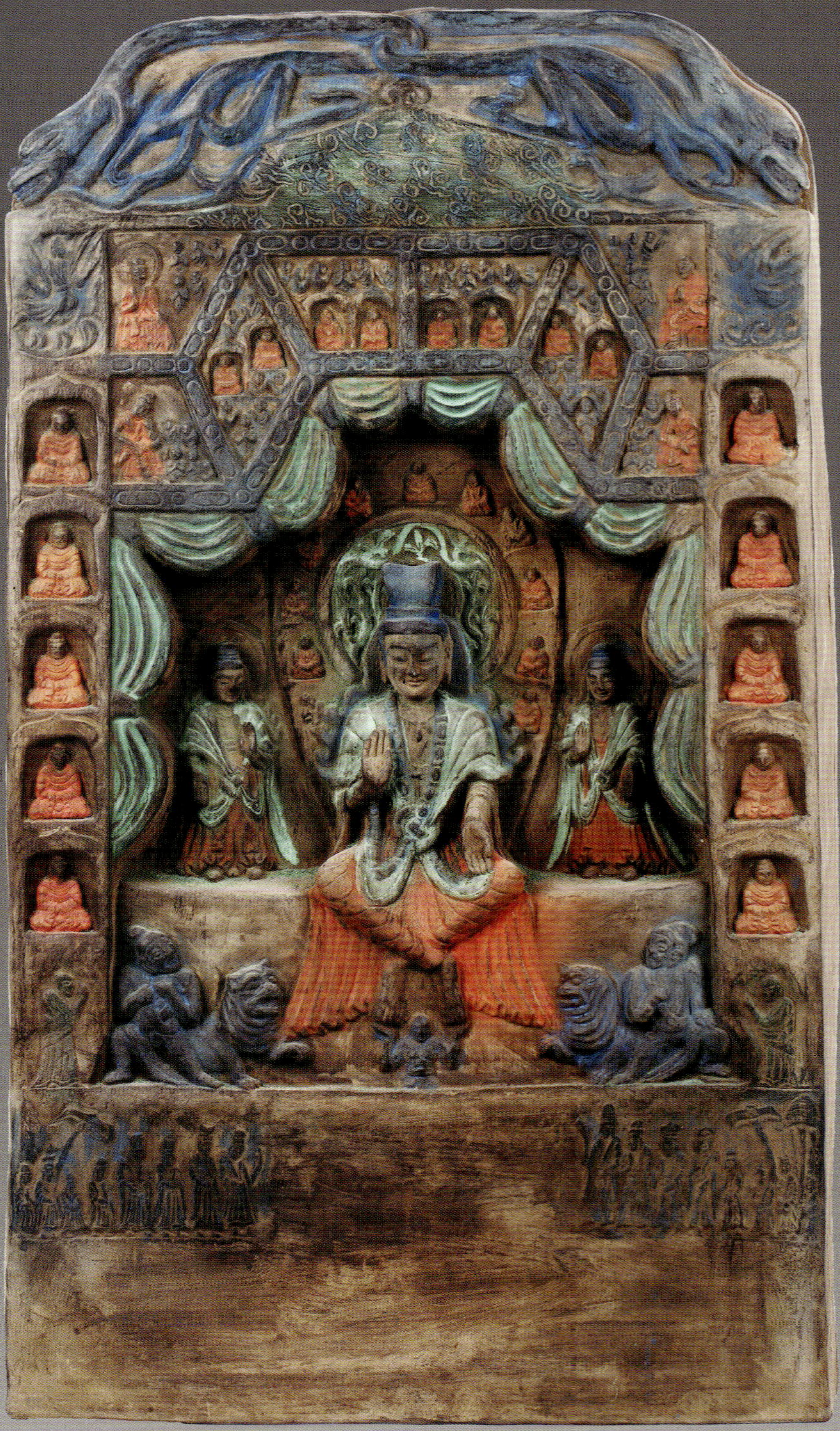

造像碑模块 12-65cm

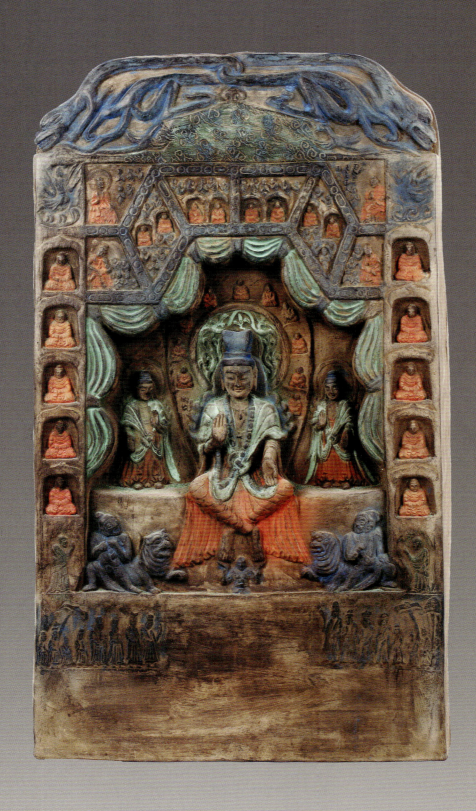

造像碑模块 13-50cm

造像碑模块 14

造像碑模块 15–76cm

造像碑模块 16-52cm

造像碑模块 17

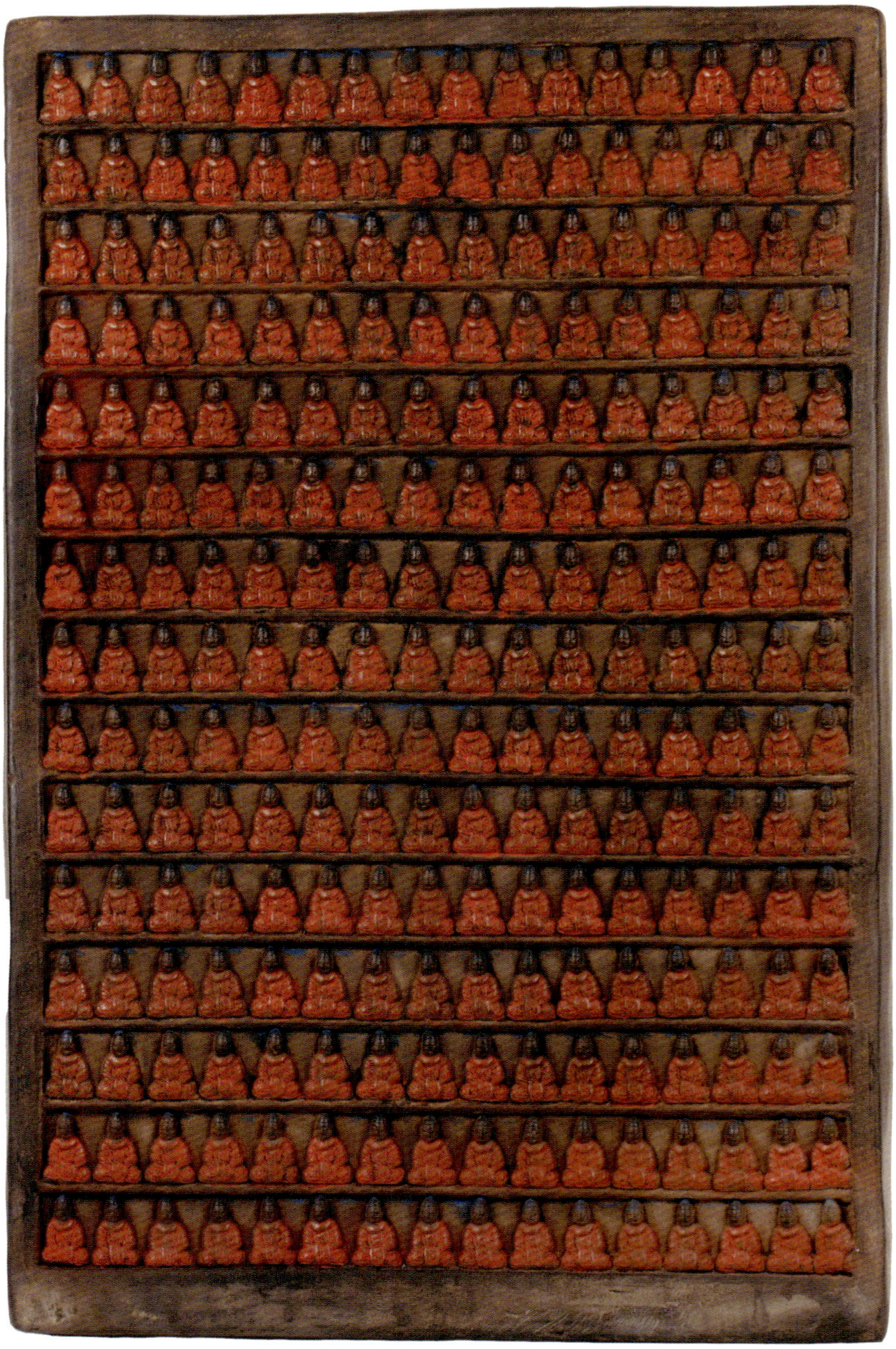

造像碑模块 18-64cm

造像碑模块 19-61cm

造像碑模块 20-61cm

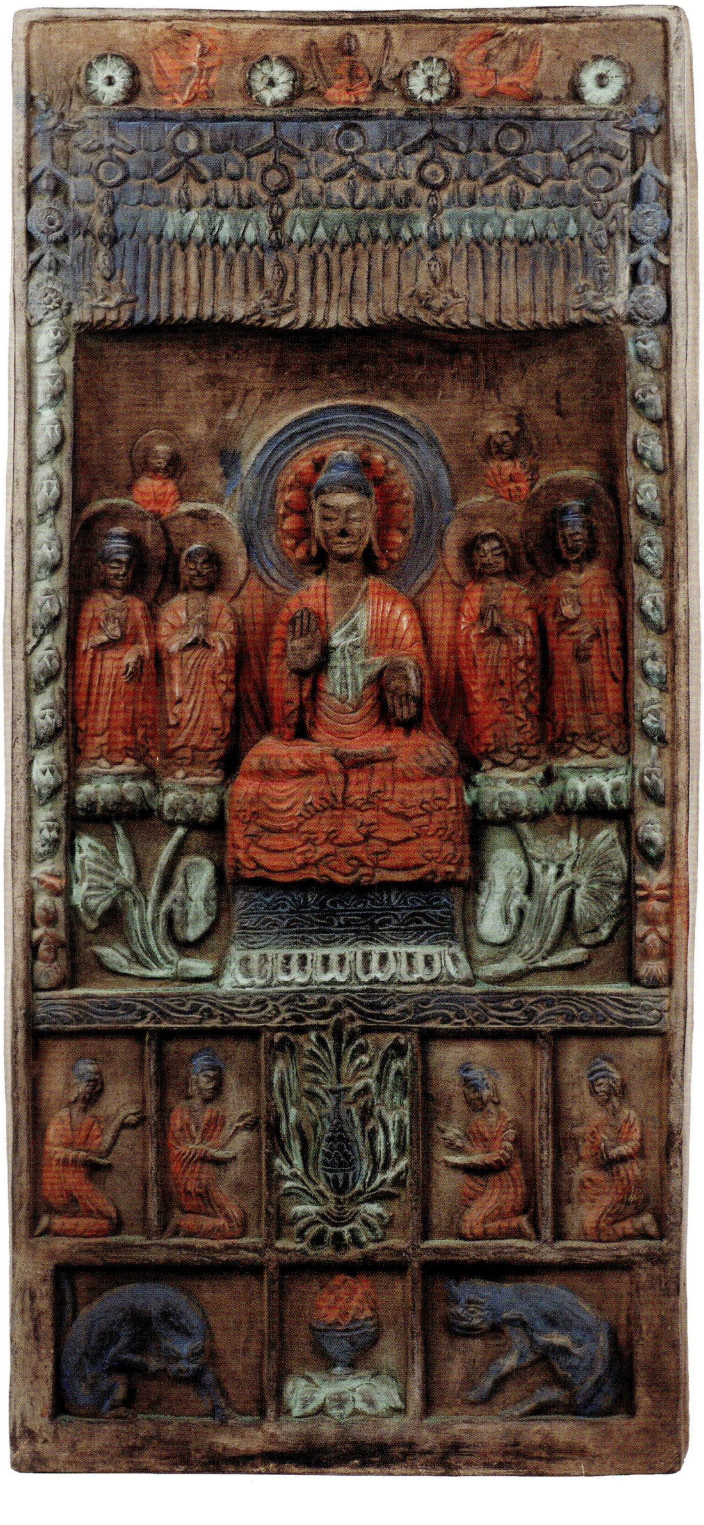

造像碑模块 21-62cm

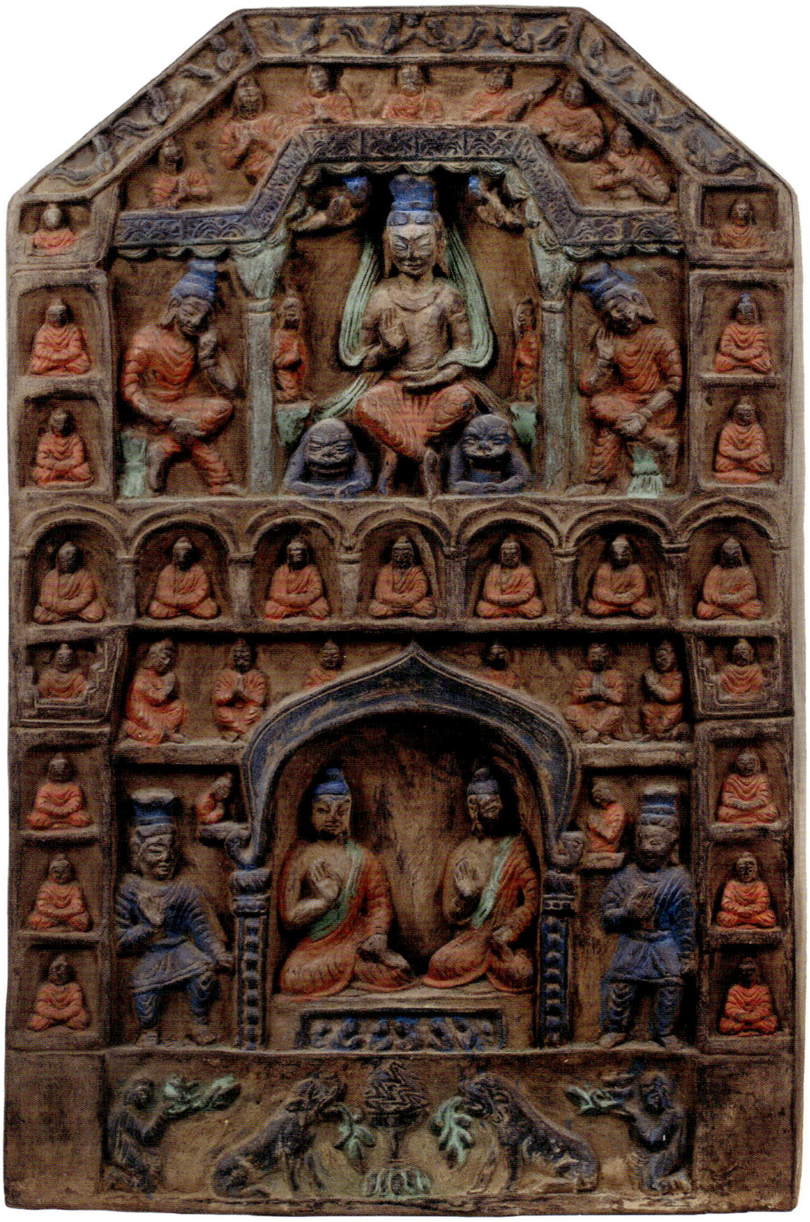

造像碑模块 22-52cm

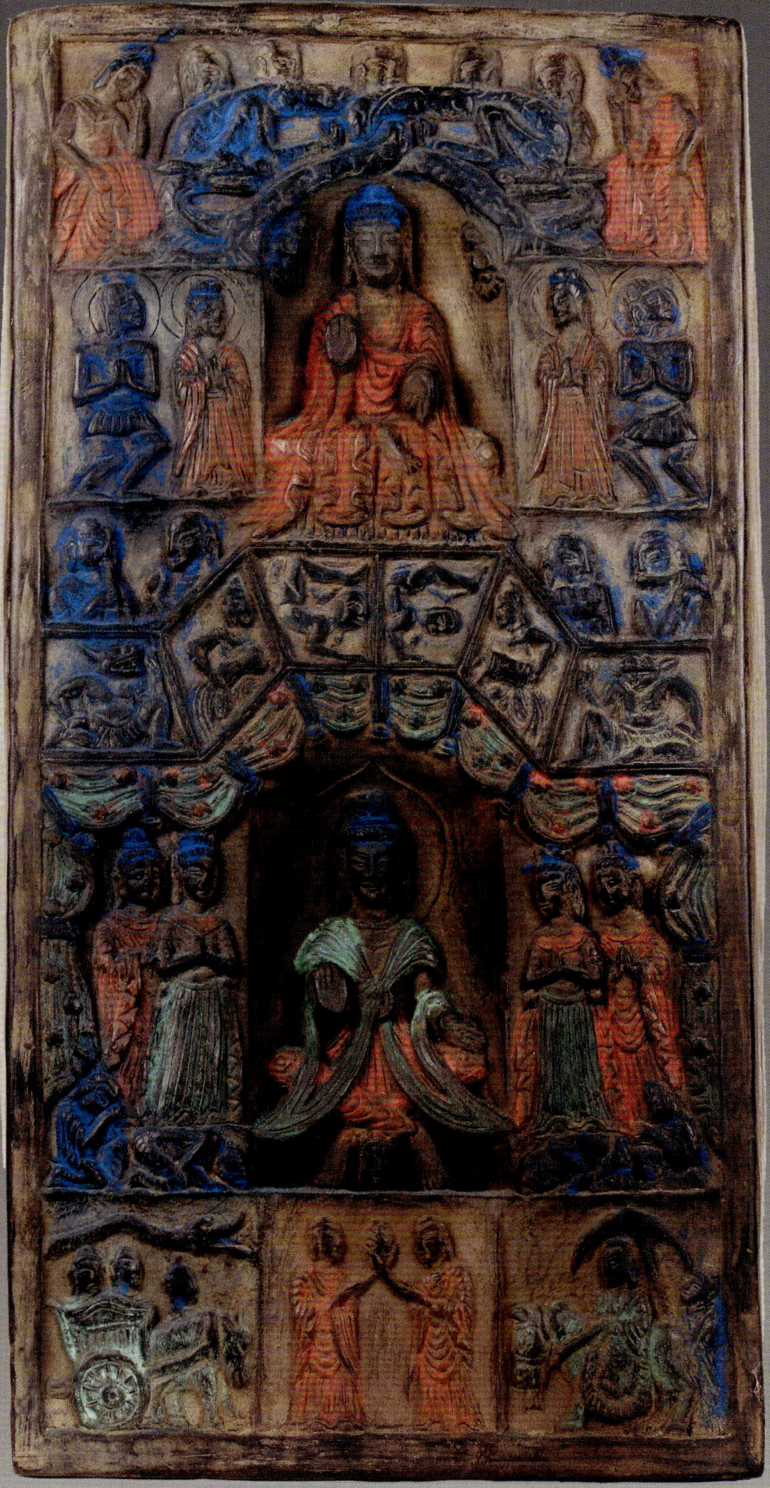

造像碑模块 23-60cm

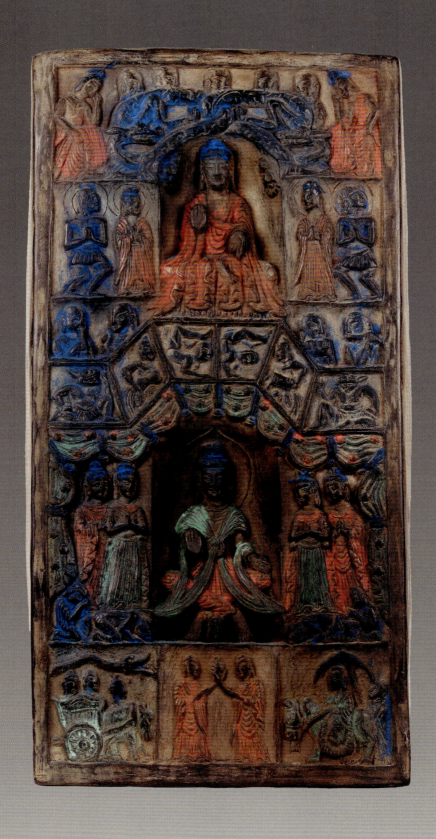

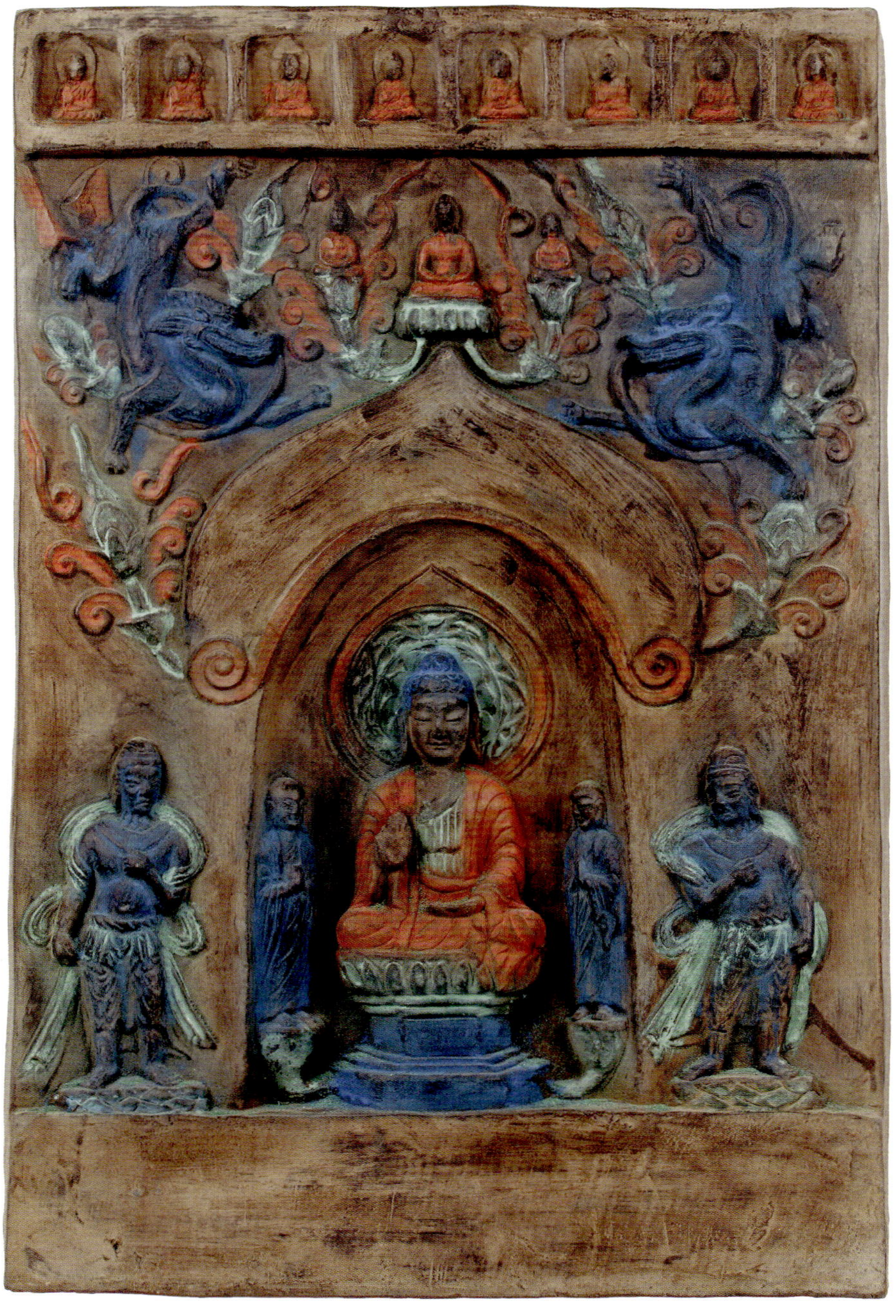

造像碑模块 24-51cm

造像碑模块 25-42cm

造像碑模块 26-55cm

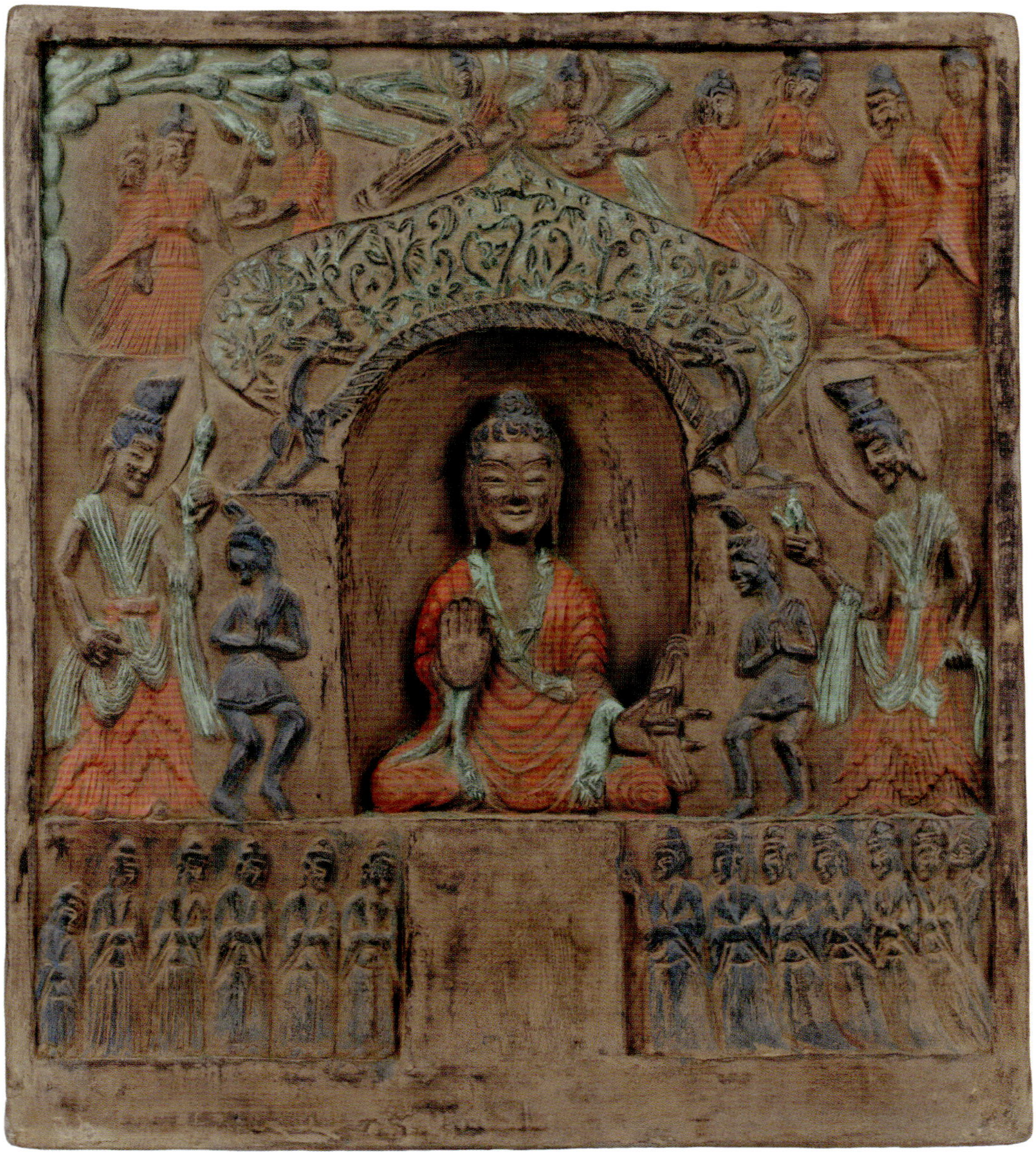

造像碑模块 27-48cm

造像碑模块 28-51cm

造像碑模块 29-47cm

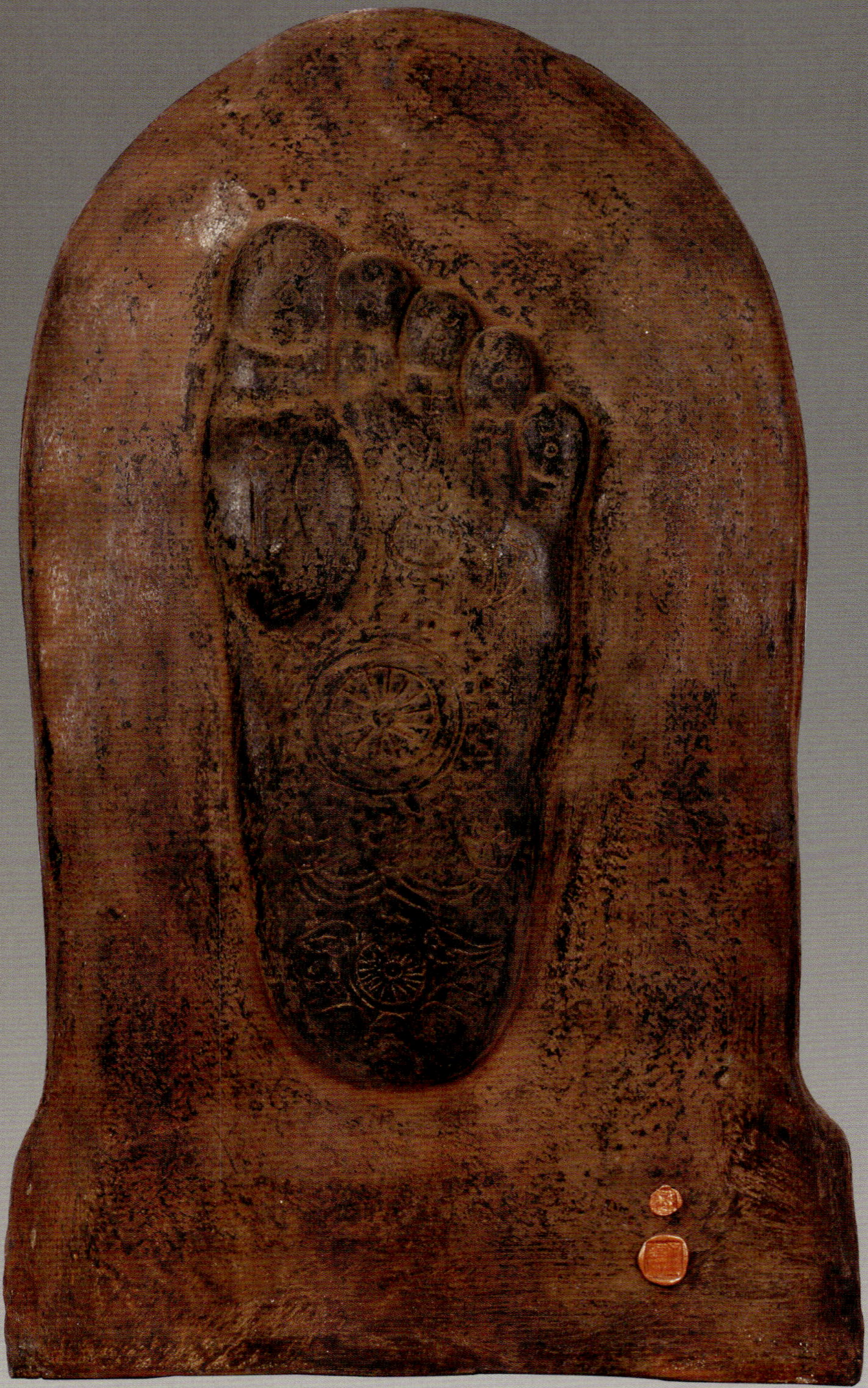

造像碑模块 30-45cm

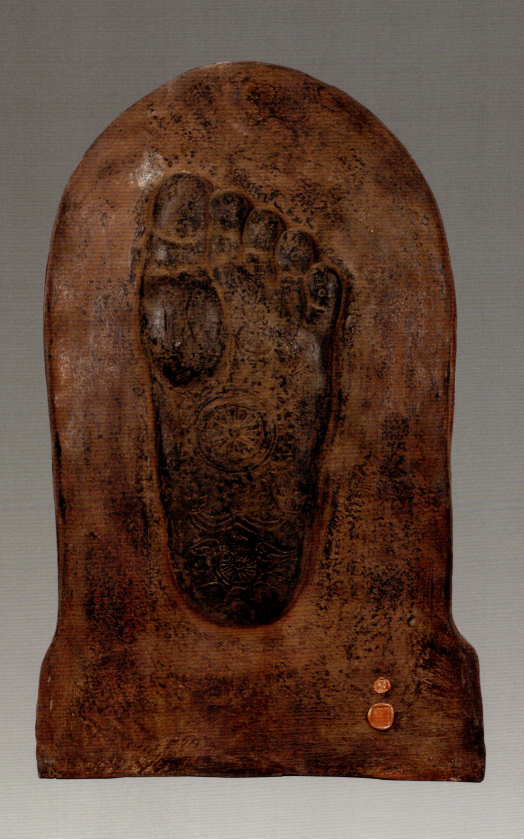

造像碑模块 31-46cm

造像碑模块 32-41cm

造像碑模块 33-41cm

造像碑模块 34-49cm

造像碑模块 35-39cm

造像碑模块 36-40cm

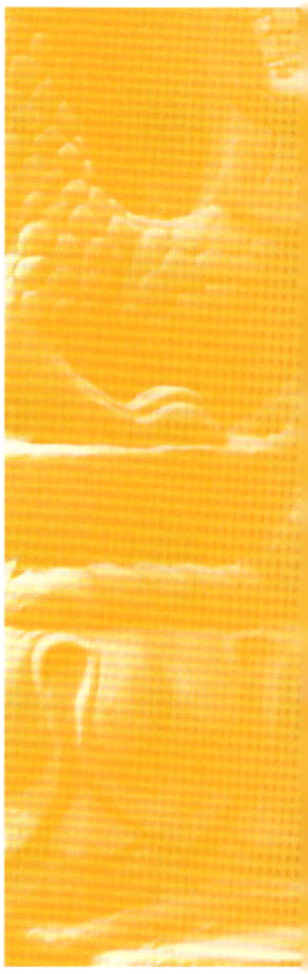

构件习作

陶胎漆器　干漆夹苎漆器

复原佛头 23-1-39cm

复原佛头 24-1-51cm

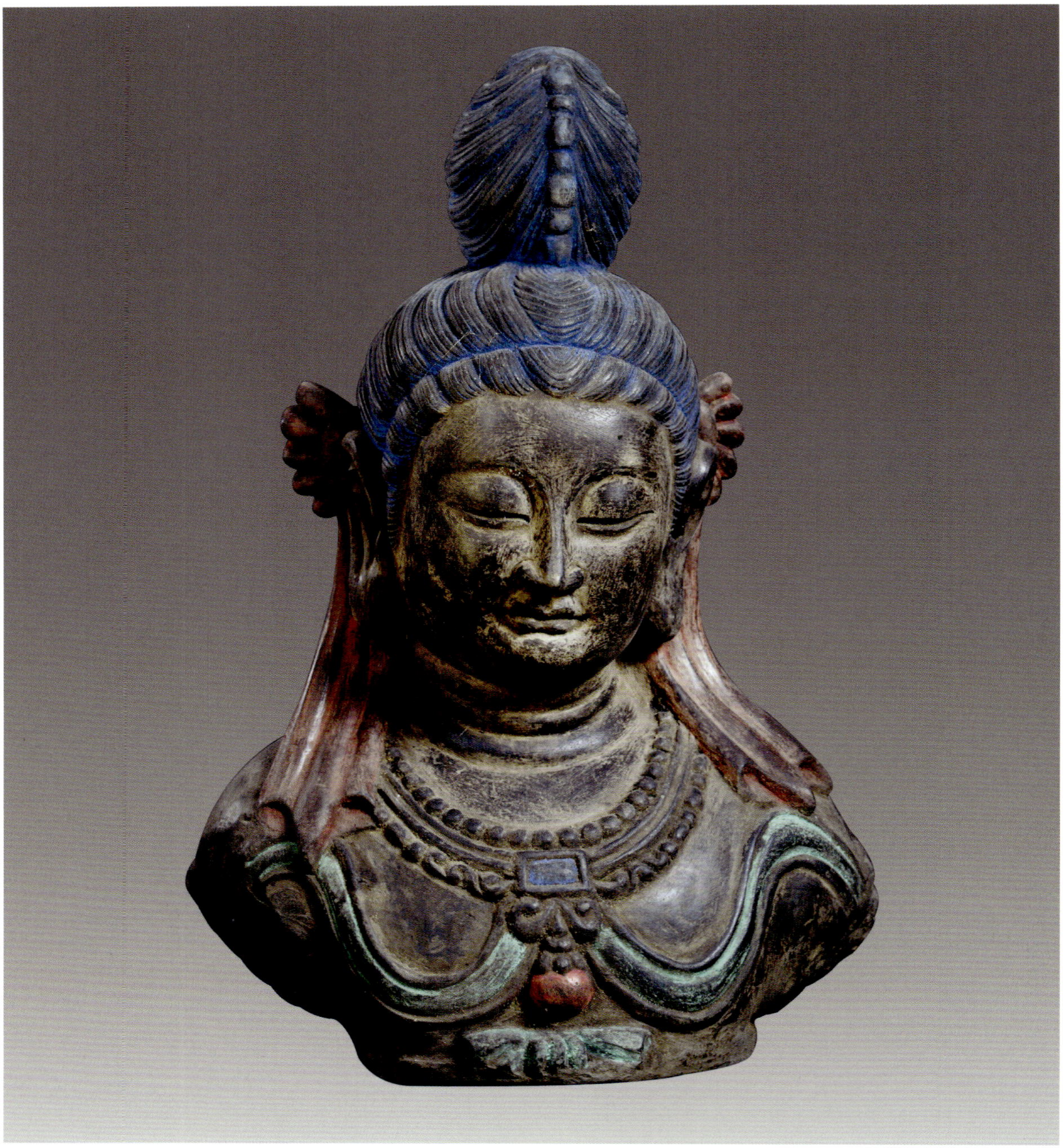

唐风格 菩萨头 50cm

唐风格 罗汉头 40cm

复原佛头 25-1-51cm

复原佛头 20-1-41cm

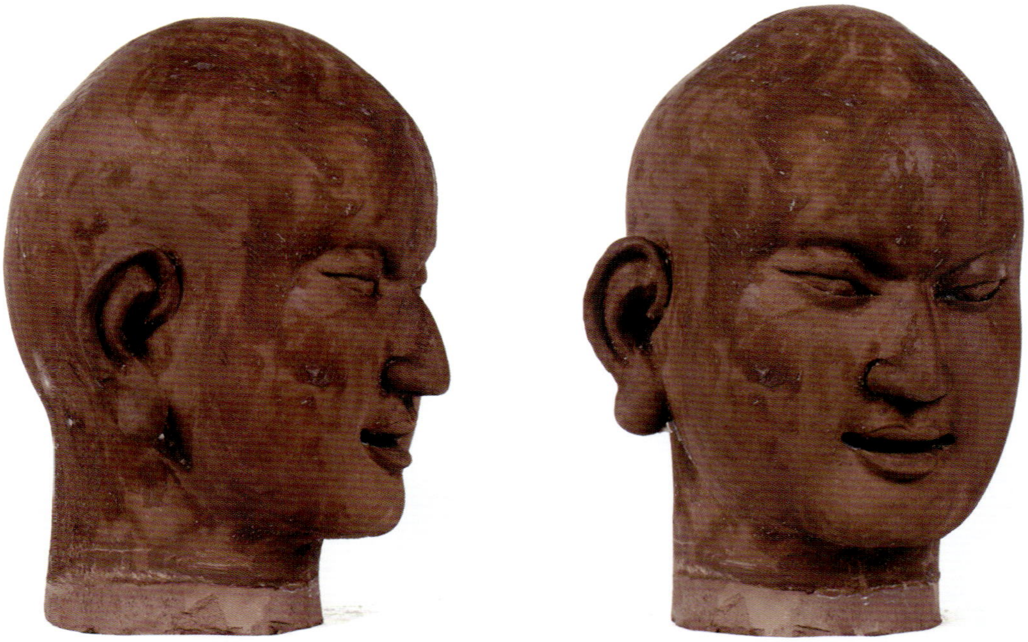

复原佛头 30-1-34cm

复原佛头 31-1-45cm

复原佛头 18-1-61cm

复原佛头 21-1-46cm

复原佛头（陶胎漆器）27-1-26cm

陶胎漆器 28–1–27cm

陶胎漆器 29-1-20cm

复原佛头 19-1-40cm

复原佛头 22-1-51cm

复原佛头 26-1-36cm

复原佛头 05-28cm

复原佛头（陶胎漆器）02-25cm

复原佛头 (陶胎漆器)03-23cm

复原佛头 (陶胎漆器)04-22cm

复原佛头(陶胎漆器)07-22cm

复原佛头（陶胎漆器）06-22cm

复原佛头(陶胎漆器)09-23cm

复原佛头(陶胎漆器)10-21cm

复原佛头(陶胎漆器)13-29cm

复原佛头 (陶胎漆器)08-23cm

复原佛头（陶胎漆器）15–20cm

复原佛头（陶胎漆器）12–23cm

复原佛头（陶胎漆器）16-23cm

复原佛头（陶胎漆器）17-20cm

杂件习作

陶胎漆器　干漆夹苎漆器

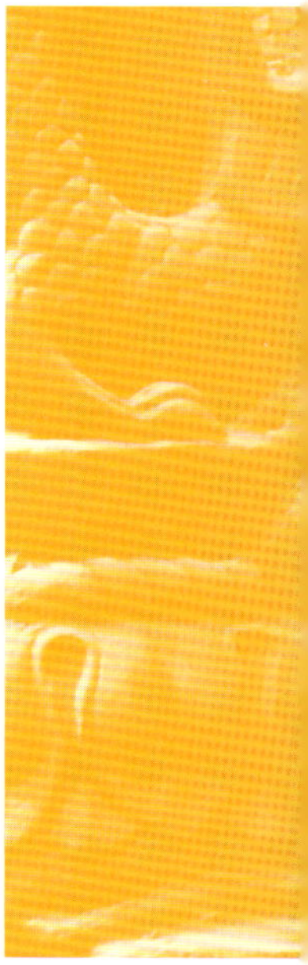

唐风格 听香局部（干漆夹苎漆器）

唐风格 听香（干漆夹苎漆器）62cm

汉俑风格 琴会（干漆夹苎漆器）32cm

汉俑风格 琴会之抚琴（干漆夹苎漆器）32cm

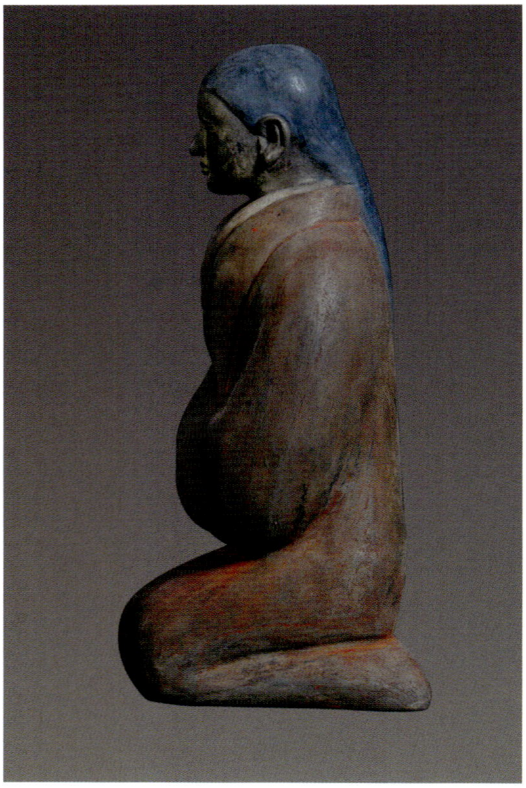

汉俑风格 琴会之听与学（干漆夹苎漆器）32cm

民国五大高僧（干漆夹苎漆器）73cm

汉俑风格 建筑构件琴瑟和鸣（干漆夹苎漆器）48cm

北魏风格 祖师像（干漆夹苎漆器）41cm

北魏风格 祖师像（干漆夹苎漆器）41cm

祖师像（干漆夹苎漆器）35cm

祖师像（干漆夹苎漆器）32cm

祖师像（干漆夹苎漆器）52cm

祖师像（干漆夹苎漆器）59cm

根松上师像（干漆夹苎漆器）41cm

汉俑风格侍女（陶胎漆器）34cm

汉俑风格 建筑构建凤头（陶胎漆器）50cm

小沙弥（陶胎漆器）28cm

香支洞

全部干漆夹苎漆器

香支洞：茶席茶台

室内模块化洞窟：香支洞

工艺流程

模块化洞窟

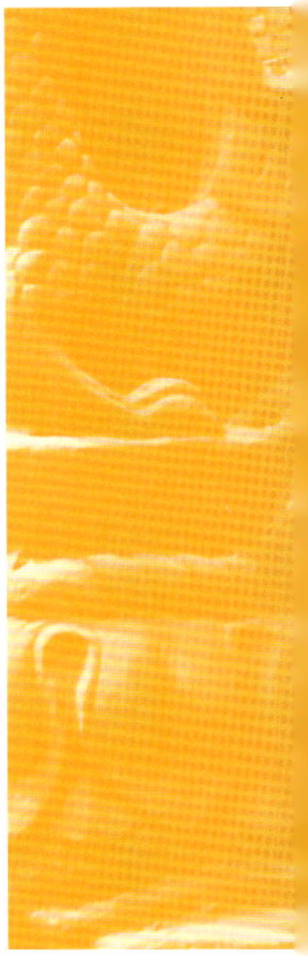

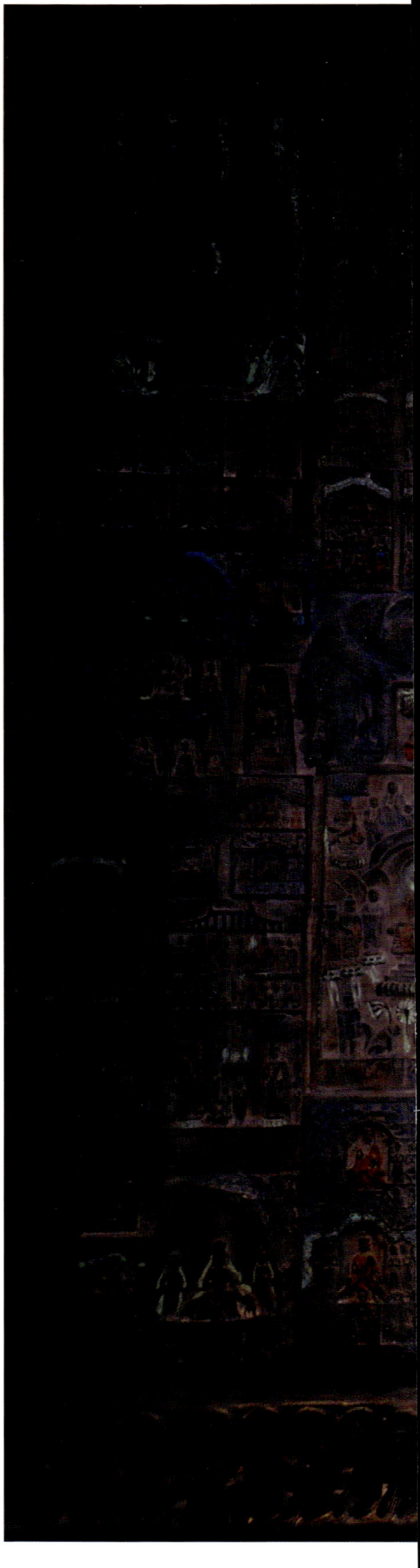

洞窟模块化组合

由21个飞天组成的主题“梦”

香支洞安装层龙骨

香支洞模块拼接完成

洞窟模块化安装

矿物色壁画彩绘

矿物色洞窟彩绘

洞窟模块作品安装

壁画安装

矿物色制备

附 录：
佛教造像石窟开凿年代

正法时期：始于公元前 486 年

像法时期：始于公元前 30 年止于公元后 970 年

公元 351—394 年：敦煌莫高窟开盘并建成

公元 384—417 年：天水麦积山石窟开盘并建成

公元 386—534 年：云冈石窟开盘（北魏兴安二年，公元 453 年）；龙门石窟开盘（北魏孝文帝迁都洛阳，公元 493 年前后）；河北乡堂山石窟开盘（东魏 534 年）

图书在版编目（CIP）数据

洞人艺术：陈津生的造像世界 / 陈津生著 . -- 上海：上海文化出版社，2023.3
ISBN 978-7-5535-2567-9
Ⅰ . ①洞… Ⅱ . ①陈… Ⅲ . ①石窟 - 石刻造像 - 研究 Ⅳ . ① K879.32

中国版本图书馆 CIP 数据核字 (2022) 第 145001 号

出 版 人：姜逸青
责任编辑：吴志刚
策　　划：汤　骏
摄　　影：徐乐民
装帧设计：周志武

书　　名：洞人艺术：陈津生的造像世界
著　　者：陈津生
出　　版：上海世纪出版集团 上海文化出版社
地　　址：上海市闵行区号景路 159 弄 A 座 3 楼 邮编：201101
发　　行：上海文艺出版社发行中心　网址：www.ewen.co
上海市闵行区号景路 159 弄 A 座 2 楼 206 室 邮编：201101
印　　刷：浙江经纬印业股份有限公司
开　　本：889x1194　1/16
印　　张：13
印　　次：2023 年 5 月第一版 2023 年 5 月第一次印刷
书　　号：ISBN978-7-5535-2567-9/J.577
定　　价：298.00 元
告 读 者：如发现本书有质量问题请与印刷厂质量科联系 T：400-030-0576